W0384814

C'est moi qui lis

Hermann Krekeler

Quel théâtre à Jacquobarjoville!

Quatre nouvelles histoires étonnantes des habitants de Jacquobarjoville

illustrées par Marlies Rieper-Bastian
Texte français de Agnès Inhauser

Editions Nord-Sud

© 1995 Editions Nord-Sud, pour l'édition en langue française
© 1995 Nord-Süd Verlag AG, Gossau Zurich, Suisse
Tous droits réservés. Imprimé en Belgique
Loi n° 49-956 du 16 juillet 1949 sur les publications destinées à la jeunesse
Dépôt légal 1er trimestre 1995
ISBN 3 314 20827 8

Table des matières

Comment parler le japonais

Les gens de Jacquobarjoville, c'est sûr, ne sont pas des gens comme les autres. Prenez les Jacquard, par exemple. Ils ont invité la famille Ping-Pong. Les Ping-Pong viennent du Japon, et les deux familles se sont rencontrées lors d'un voyage en Autriche. Les Ping-Pong ne parlent pas le français et les Jacquard, eux, ne parlent pas le japonais, mais ils se comprennent pourtant à merveille.

Les enfants se comprennent aussi très bien: Sacha et Natacha de la famille Jacquard jouent toute la journée avec Ping et Pong de la famille Ping-Pong. Ils jouent au Mikado, et Sacha et Natacha s’entraînent à manger avec des baguettes. Ils apprennent aussi le japonais. “Bonjour”, par exemple, ça se dit “konitiva” en japonais et “chat”, en japonais, ça se dit “neko”, tout simplement.

Natacha dit alors: «Si chat se dit “neko” en japonais, je m’appellerais donc sûrement Nataneko si je vivais au Japon!» «Et moi Saneko!» dit Sacha en riant. Puis ils cherchent des mots avec la syllabe “cha”. “Château”, par exemple, se dirait donc en japonais “nekoteau” et “charivari” “nekorivari”. C’est très facile, le japonais!

Madame Jacquard, très élégante dans son kimono, sert le repas de midi.
«C'est sûrement du poisson-neko!» dit Nataneko.
Madame Jacquard pense que c'est le nom de la sole en japonais.
«Nos enfants sont très doués pour les langues!» dit-elle à Monsieur Jacquard.

A l'école, Natacha demande à Charlotte: «Tu veux que je t'apprenne le japonais?» «Oh oui!» répond Charlotte. Et Natacha lui révèle le secret.
A partir de maintenant, Charlotte s'appelle Nekorlotte.
Charlie qui a passé des vacances en Finlande ajoute: «Et "chat", en finnois, ça se dit "kissa"».
«Mais alors, en finnois, je m'appelle Sakissa», dit Sacha.
«Et moi, Kissarlie!» ajoute Charlie.

La maîtresse n'y comprend plus rien: Natakissa et Saneko racontent que le nouveau nekopeau de Madame Jacquin a été mangé par le kissameau du zoo!
Mais la maîtresse apprend très vite le japonais et le finnois et, quand les élèves kissahutent et se nekomaillent, elle leur montre comment on dessine l'alphabet japonais, le vrai!

Blanche-Neige et les dix-sept nains

«Et si nous montions une pièce de théâtre? propose la maîtresse de Jacquobarjoville à ses élèves: “Blanche-Neige”, par exemple!»
«Oui, oui!» crient les élèves en chœur.
«Qui veut jouer le rôle de Blanche-Neige?»

«Moi!» dit Séraphine.
«Moi aussi!» dit Séraphin.
«Bon, il y aura alors deux Blanche-Neige, dit la maîtresse. Il nous faut encore un roi, une reine, une belle-mère et un chasseur. Tous les autres enfants feront les nains.»
Toute la classe se met aussitôt au travail.

Une semaine plus tard, les gens de Jacquobarjoville découvrent l'affiche:

Le mercredi à trois heures, tous les habitants de Jacquobarjoville sont dans la salle de spectacle de l'école. Ils sont si enthousiastes qu'ils applaudissent pendant toute la représentation.

BLANCHE-NEIGE ET LES 17 NAINS
Hourra!
Superbe!
Bravo!

Monsieur et Madame Jacquet veulent participer à la deuxième représentation. «Dommage qu'il n'y ait pas de voleur dans l'histoire de Blanche-Neige, dit Monsieur Jacquet. J'aimerais tellement jouer le rôle d'un voleur!»
«Et pourquoi pas? dit la maîtresse. On pourrait jouer "BLANCHE-NEIGE ET LES 40 VOLEURS"!» Aussitôt dit, aussitôt fait. La pièce remporte un triomphe!

BLANCHE-NEIGE
ET LES
40 VOLEURS

BLANCHE-NEIGE
AU PAYS DES VAMPIRES

Le lendemain, Madame Jacquottet annonce qu'elle adorerait jouer le rôle d'un vampire. «Pourquoi pas? dit la maîtresse. Jouons donc “BLANCHE-NEIGE AU PAYS DES VAMPIRES”!» Encore un succès!

L'on peut voir chaque jour une autre pièce de théâtre à Jacquobarjoville. Tous les habitants y participent à tour de rôle avec beaucoup de talent.

BLANCHE-NEIGE
chez les Indiens

La pièce qui a le plus grand succès s'appelle "BLANCHE-NEIGE CHEZ LES INDIENS". Dans la scène finale, Blanche-Neige épouse Plume d'Œuf, le chef de la tribu.

Monsieur Jacqueroux trouve que son costume d'Indien lui va si bien qu'il le met même dans son magasin.
Mais les gens de Jacquobarjoville se lassent du théâtre. «Une représentation chaque jour, c'est trop!» disent-ils. Ils décident alors qu'ils ne joueront qu'une seule fois dans l'année, le 5 avril.
Pourquoi le 5 avril?
Et pourquoi pas?

Une histoire à dormir debout

Un beau matin, les habitants de Jacquobarjoville découvrent deux chaises sur la place de la Mairie. L'une appartient à Monsieur Jacqueroux et l'autre à Monsieur Jacquin, mais ni l'un ni l'autre ne savent comment elles sont arrivées là. Bizarre!

Un mois plus tard, on découvre une corde à linge tendue d'un bout à l'autre de la place du Marché avec tous les vêtements de la famille Jacolait. Madame Jacolait n'en revient pas: «Comment mon linge est-il arrivé là?» se demande-t-elle.
Bizarre, bizarre!

«Quelqu'un nous joue des tours! disent les gens de Jacquobarjoville. Il nous faut un veilleur de nuit pour tirer l'affaire au clair.»
Monsieur Jacquot, le policier, veut bien faire le veilleur de nuit. Il est même très content car pendant la journée, il n'y a pas de travail pour un policier à Jacquobarjoville!

Un mois plus tard, par une nuit de pleine lune, Monsieur Jacquot entend sonner toutes les cloches de l'église.
Il court aussitôt vers l'église, et qui voit-il en sortir? Monsieur Jacquin en pyjama!
«C'est vous qui avez fait sonner les cloches?» demande le policier. Mais Monsieur Jacquin n'entend rien, et il ne voit rien non plus. Il a les yeux fermés et retourne vers sa maison. Est-ce possible?

«Monsieur Jacquin est somnambule! dit le lendemain le policier aux gens de Jacquobarjoville. A la pleine lune, il se promène dans le village et le matin, il ne se souvient plus de rien!»
«C'est vrai, dit Madame Jacquin. Il est somnambule depuis sa plus tendre enfance!»

A la pleine lune suivante, Monsieur Jacquot monte la garde. Mais il s'endort après sa troisième tournée. Au matin, il se réveille au milieu des 111 panneaux de signalisation de Jacquobarjoville. On les a tous dévissés pendant la nuit! «Et si c'était moi? se dit le policier. Qui sait, peut-être suis-je somnambule, moi aussi? Oh! Oh! L'affaire se complique!»

Il y a maintenant beaucoup de somnambules à Jacquobarjoville. Chaque mois à la pleine lune, il se passe des choses très étranges. Dès minuit, les somnambules se retrouvent sur la place du Marché et font la fête.

Parfois, ils partent en voiture pique-niquer dans la forêt, en pleine nuit! Puis ils rentrent à pied. Le lendemain, c'est toute une affaire pour retrouver la voiture.

Ces histoires de somnambules amusent beaucoup les gens de Jacquobarjoville. Ils attendent avec impatience les nuits de pleine lune!

Mais une nuit, les somnambules vont se baigner dans l'étang, en plein mois de décembre! Le lendemain, Monsieur Jacqueroux se met au lit avec un gros rhume et de la fièvre. Puis Madame Jacquottet, ainsi que Monsieur Jacquet et tous ceux qui s'étaient baignés dans l'étang. Rien d'étonnant par ce froid! Mais ce qui est vraiment étonnant, c'est que depuis cette épidémie de rhume, il n'y a plus de somnambules à Jacquobarjoville.
Il n'y a que Monsieur Jacquin qui continue à être somnambule de temps en temps, mais lui, il le fait depuis sa plus tendre enfance.

Un monument pour les éboueurs

Les éboueurs de Jacquobarjoville en ont assez. «Des poubelles, encore des poubelles, toujours des poubelles! Ça suffit! Demain, on part en vacances à Bonne-la-Jetée, à la pension “L’Or dure toujours”.»

«Comme vous voulez, disent les gens de Jacquobarjoville. On se débrouillera sans vous!»
Ils se décident à porter eux-mêmes leurs ordures à la décharge publique.

Les Jacqueroux ont trouvé une autre solution: «Ce sont en fait les emballages qui remplissent les poubelles!» disent-ils. Alors, quand ils font leurs courses, ils emportent des bols, des sacs et des bouteilles vides pour les faire remplir de farine, de lessive en poudre et même de dentifrice.

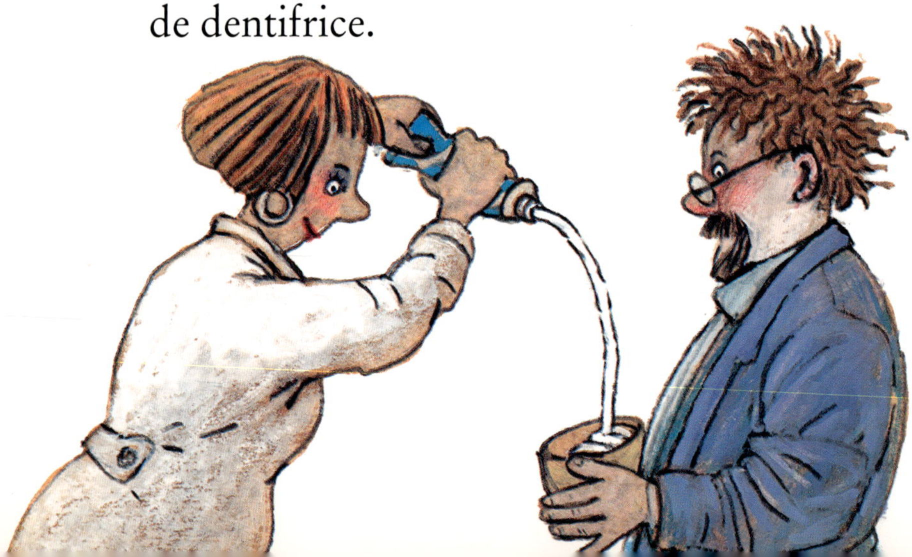

Les Jacquin, eux, ont décidé de faire de la récupération. «On ne sait jamais, dit la grand-mère. Ça peut toujours servir!» «Mais qu'est-ce qu'on va faire avec tous ces pots de yaourt vides?» demande Séraphine.

Monsieur Jacquet fabrique des œuvres d'art avec toutes sortes de détritus. Madame Jacquet, quant à elle, lance la nouvelle mode-poubelle.

«Plus d'emballages inutiles!» déclare Monsieur Jacolait. Il amène ses vaches directement à la crémerie. Les clients peuvent se servir eux-mêmes.

On peut également louer
les poules de Monsieur Jacolait
à la journée. Plus besoin de cartons
pour les œufs!

Monsieur Jacasser, le marchand de journaux, raconte les dernières nouvelles à ses clients qui se chargent ensuite d'aller les raconter aux autres. Ainsi, plus de journaux à jeter le soir! Et puis, c'est très amusant car les nouvelles se transforment au fur et à mesure!

Chaque vendredi, il y a un marché aux puces à Jacquobarjoville, mais on ne peut rien y acheter, ni rien y vendre d'ailleurs. On peut seulement échanger: la personne qui apporte un objet est obligée d'en ramener un autre à la maison. Grand-mère Jacquet a échangé la vieille cage de son perroquet contre une trottinette rouge. Monsieur Jacquin a échangé son poste de radio qui ne fonctionne plus contre une machine à coudre cassée.
Les enfants, eux, échangent leurs livres: ceux qu'ils ont déjà lus contre ceux qu'ils ne connaissent pas encore.

Monsieur Jamais, l'inventeur, a mis au point une machine qui fabrique un sirop à partir de toutes sortes de déchets.

Comme il a fait fortune avec ce sirop, il fait ériger un monument en l'honneur des éboueurs de Jacquobarjoville. C'est un monument très admiré par les touristes du monde entier.

A propos de l'auteur
Hermann Krekeler

Je suis né à Höxter, en Allemagne.
Après l'école, j'ai étudié l'art et la pédagogie. Depuis quelques années, je participe à la rédaction d'un magazine pour parents et enfants.
Mais je préférerais peindre ou dessiner.
Malheureusement, je ne suis pas doué, ni pour la peinture, ni pour le dessin.
Alors parfois, je note de petites histoires que j'invente, ou bien, je lis à Félix, mon fils, de longs romans d'aventures et de préférence ceux que je ne connais pas encore.

A propos de l'illustratrice
Marlies Rieper-Bastian

Je suis née près de Bielefeld, en Allemagne. Depuis que je suis toute petite, j'adore dessiner. De cette occupation j'ai fait mon métier, puisque j'illustre des livres pour enfants et des manuels scolaires.
Je vis à Brunswick depuis quelques années avec mon mari et mon chien, et si tu ouvres l'œil, tu les découvriras dans ce livre.

Si tu veux connaître d'autres histoires des gens de Jacquobarjoville, tu peux te procurer «**Jacquobarjoville**», paru dans la même collection.

Sont également parus dans la collection "C'est moi qui lis":

Hans de Beer
Plume et la Station Polaire

Gerda Marie Scheidl / Christa Unzner
Loretta et la petite fée

Ursel Scheffler / Iskender Gider
Rinaldo fait les 400 coups

Ursel Scheffler / Iskender Gider
Rinaldo fait encore des siennes

Uli Waas
Lola a disparu

Andreas Greve / Jean-Pierre Corderoc'h
Un phare part en voyage

Hermann Krekeler / Marlies Rieper-Bastian
Jacquobarjoville

Wolfram Hänel / Jean-Pierre Corderoc'h
L'ours et le pêcheur

Burny Bos / Hans de Beer
La famille Taupe-Tatin - Ce n'est pas de la tarte!

Wolfram Hänel / Christa Unzner
Chapeau, Balthazar!

Wolfram Hänel / Alex de Wolf
Lila et le dinosaure couleur d'arc-en-ciel

Wolfram Hänel / Kirsten Höcker
Mia, le chat de la plage

Marianne Busser & Ron Schröder / Hans de Beer
Papa Vapeur et la camionnette rouge

Antonie Schneider / Ulrike Mühlhoff
Chevalier Grognon